Angelika Kipp

# Weihnachts Allerlei

**Fenster- und Wandbilder aus Tonkarton**

**frech**verlag

**Von der bekannten und beliebten Autorin Angelika Kipp sind im frechverlag zahlreiche andere erfolgreiche Titel mit fröhlichen Bastelideen erschienen. Hier eine Auswahl:**

TOPP 1834

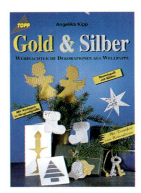

TOPP 2006

TOPP 1969

TOPP 1968

TOPP 1833

TOPP 1835

Zeichnungen: Berthold Kipp
Fotos: frechverlag GmbH + Co. Druck KG, 70499 Stuttgart; Fotostudio Ullrich & Co., Renningen

Materialangaben und Arbeitshinweise in diesem Buch wurden von der Autorin und den Mitarbeitern des Verlags sorgfältig geprüft. Eine Garantie wird jedoch nicht übernommen. Autorin und Verlag können für eventuell auftretende Fehler oder Schäden nicht haftbar gemacht werden. Das Werk und die darin gezeigten Modelle sind urheberrechtlich geschützt. Die Vervielfältigung und Verbreitung ist, außer für private, nicht kommerzielle Zwecke, untersagt und wird zivil- und strafrechtlich verfolgt. Dies gilt insbesondere für eine Verbreitung des Werkes durch Film, Funk und Fernsehen, Fotokopien oder Videoaufzeichnungen sowie für eine gewerbliche Nutzung der gezeigten Modelle.

Auflage:   5.   4.   3.  2.  1.   | Letzte Zahlen
Jahr:      2000 1999 98 97 96     | maßgebend

© 1996

**frechverlag** GmbH + Co. Druck KG, 70499 Stuttgart

ISBN 3-7724-2105-9 · Best.-Nr. 2105

Druck: frechverlag GmbH + Co. Druck KG, 70499 Stuttgart

## Weihnachtliches Allerlei ...,

... da ist die Auswahl groß: Apfel, Nüss' und Mandelkern, Tannengrün, fleißige Nikoläuse, niedliche Engel, farbenprächtige Nußknacker und liebenswerte Räuchermännchen sind die bezaubernden Motive dieses Buches, die in fröhlichen Bastelstunden nachgearbeitet werden können.

Zu jeder Szene finden Sie die originalgroße Vorlage auf dem Vorlagenbogen und im Buch den jeweiligen Anleitungstext – da kann beim Nacharbeiten gar nichts schiefgehen!
Sie müssen sich dann lediglich noch entscheiden, ob Sie mit den Motiven Ihre Fenster, die Tür oder die Wand dekorieren möchten. Und ein Tonkarton-Weihnachtsstrumpf macht sich sogar am Kamin ganz gut ...!

Viel Spaß bei Ihrer vorweihnachtlichen Bastelstunde und eine schöne Advents- und Weihnachtszeit!

Ihre
Angelika Kipp

# ARBEITSMATERIAL   TIPS UND TRICKS

- Tonkarton (in verschiedenen Farben erhältlich)
- Transparentpapier
- Schwarzer Filzstift
- Schere
- Bastelmesser
- Schneideunterlage
- Dünne Pappe
- Lineal
- Bleistift
- Klebstoff
- Locher
- Faden und Nadel
- Klebeband

## Gestaltung des Motives von der Vorder- und Rückseite

Ein frei hängendes Fensterbild sollte sowohl von der Vorder- als auch von der Rückseite gearbeitet werden; hierzu benötigen Sie die meisten Teile in doppelter Ausführung. Die Teile werden auf der Rückseite nur spiegelverkehrt, aber in der gleichen Reihenfolge wie auf der Vorderseite angeordnet.

## Aufhängen der Fensterbilder

Es gibt verschiedene Möglichkeiten, ein Fensterbild aufzuhängen Sie können sich zwischen dem altbewährten Faden und einem Klebeband entscheiden. Wenn Sie mit einem Faden arbeiten wollen, balancieren Sie das Motiv zwischen Daumen und Zeigefinger aus, bis Sie die richtige Stelle gefunden haben. Mit einer Nadel stechen Sie dann einige Millimeter vom Rand entfernt in den Tonkarton und ziehen nun den Faden durch.

Je größer das Motiv ist, um so sinnvoller ist es, das Fensterbild an zwei Fäden aufzuhängen.

# SCHRITT FÜR SCHRITT ERKLÄRT

**1** Legen Sie Transparentpapier auf das ausgewählte Motiv auf dem Vorlagenbogen, und übertragen Sie die benötigten Einzelteile ohne Überschneidungen.

**2** Das Transparentpapier wird auf eine dünne Pappe geklebt, aus der dann alle Teile sorgfältig herausgeschnitten werden. Fertig sind die Schablonen!
Mit Hilfe dieser Schablonen stellen Sie die benötigten Einzelteile her: Legen Sie die Schablonen jeweils auf den Tonkarton der gewünschten Farbe, ziehen Sie den Umriß sorgfältig nach, dann wird wieder ausgeschnitten!

**3** Fügen Sie die Teile zu dem Motiv zusammen. Das Foto und die Vorlage geben Ihnen hierbei Positionierungshilfen!
Die Rückseite sollte möglichst deckungsgleich gearbeitet werden.

# Ein Tür-Kranz

Der grüne Tonkarton-Kranz bekommt zuerst die vier roten Schleifenteile, die von vorne ergänzt werden.
Mit den großen und kleinen Sternen und mit den Herzchen dekorieren Sie dann das Tannengrün. Der Kranz wird an eine große, rote Tonkarton-Schleife gebunden, wobei die beiden Bandenden auf dem Kranz kleben, das mittlere Schleifenteil aber von hinten befestigt wird. Der Schleifenknoten ist übrigens separat gearbeitet und von vorne aufgeklebt.
In der Mitte des Kranzes werden noch zwei Sterne mit einem Faden aufgehängt. Fertig ist eine ganz einfache, geschmackvolle Türdekoration!

# Ein Nussknacker mit Format

Zeichnen Sie diesem altgedienten Nußknacker zuerst seine Augen und auf dem Bart die Zahnreihe auf.
Kleben Sie die Nase, den zweiteiligen, perfekt gedrehten Schnurrbart, das Bartteil mit den Zähnen, die buschigen Augenbrauen und das weiße Haar mit dem dreiteiligen Helm auf das Gesichtsteil.
Das Jacket wird mit den Manschetten, dem Gürtel samt Schnalle, den Knöpfen und den Schulterklappen verziert.
Dann finden noch die Hose mit den Stiefeln und auch das weiße Handpaar unter der wertvollen Jacke ihren Platz, das fertige Kopfteil wird darauf plaziert.
Und welche Nuß hat dann noch eine Chance?

# VOM HIMMEL HOCH, DA KOMMEN WIR!

Die Himmelsboten erhalten jeweils ihr Gesicht, die Hand und die kleinen nackten Füßchen – kleben Sie diese Teile immer unter das entsprechende Kleidungsteil.

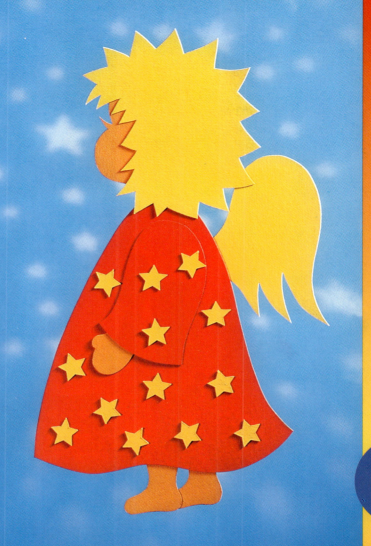

Dann positionieren Sie den fertigen Ärmel und das Haarteil auf dem Kleid, den Flügel darunter. Das Kleid wird mit vielen kleinen Sternen geschmückt.
Was die beiden Engel wohl auf der Erde suchen?

**Ein kleiner Tip:**
Der Engel auf der Vorlage schaut nach links – wenn Sie alle Schablonenteile vor dem Übertragen auf Tonkarton einfach umdrehen, erscheint Ihr Engelchen gekontert, dann schaut es nämlich nach rechts!

# Zu Ihren Diensten!

Zeichnen Sie dem Herrn die Augen und die Zahnreihe auf. Dann werden die beiden Haarteile, der edle Schnurrbart, der Bart mit den Zähnen, die Nase und die dreiteilige Krone am Kopfteil plaziert.
Die Uniformjacke erhält die Manschetten, die farbigen Stoffteile, die Schulterklappen sowie den Gürtel mit der Schnalle und die Knöpfe.
Das Hosenteil mit den Stiefeln und das Handpaar werden unter der Jacke, das fertige Kopfteil wird darauf fixiert. Nun kann sich der würdevolle Herr auf das Podest stellen.
Zu Ihren Nuß-Diensten!

# Ein Schlitten voller Geschenke

Alle Pakete werden mit den Schleifen und den Sternen geschmückt. Packen Sie sie dann in den mit Sternen verzierten Schlitten – ein toller Geschenke-Schlitten, der da an Ihrem Fenster vorbeifährt!

# Weihnachts-Strümpfe

Damit der Weihnachtsmann auch etwas in Ihre Strümpfe geben kann, plazieren Sie die Ferse, die Strumpfspitze und das Bündchen auf der Grundform der Socke.
Mit Sternen wird die Socke weihnachtlich geschmückt und dann an der zweiteiligen Schleife aufgehängt.
Und natürlich bekommt jedes Familienmitglied seine eigene Socke ans Fenster oder an den Kamin!

# Apfel, Nüss' und Mandelkern

Apfel, Nüss' und Mandelkern, Lebkuchen und Sterne – all das gehört zur Weihnachtszeit!
Die Äpfel bekommen die Blüte, die Nüsse ein Schalenmuster aufgezeichnet. Bei den Äpfeln ergänzen Sie von vorne den Stiel, bei dem Lebkuchenherz die Mandeln.

Dann können Sie die Einzelteile ganz nach Ihren Wünschen zusammenstellen, für das Fenster, die Tür, die Wand ...!

# MOND-WEIHNACHT

 15

Der gute alte Mond erhält sein Vollbart-Haar-Teil und den geschwungenen Schnurrbart. Da es am Winterhimmel sehr kalt ist, setzen Sie ihm seine Mütze mit dem Fellrand und dem Pompon auf.
Mit dem aufgemalten Auge kann der alte Herr den Stern, der an seiner Mütze baumelt, beobachten: Es ist Mond-Weihnacht!

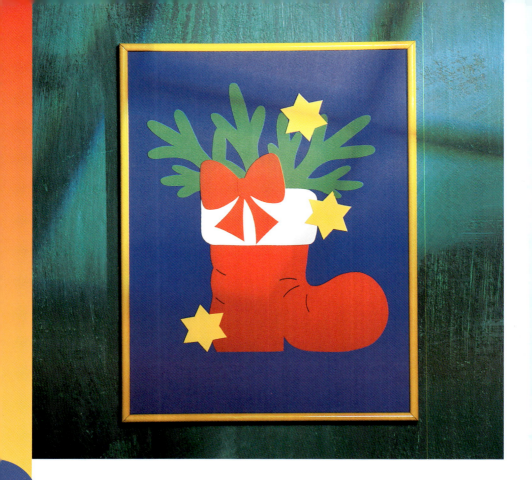

# Der Nikolaus war da!

Fixieren Sie bei dem Stiefel den weißen Fellbesatz, und zeichnen Sie die Lederfalten auf.

Weil der Nikolaus so viel mitgebracht hat, ragen die Tannenzweige sogar aus dem Stiefel heraus, der noch mit einer zweiteiligen Schleife und einigen Sternen geschmückt wird.

Der Nikolaus war da!

# Bei der Arbeit

Bevor der Nußknacker mit seiner Arbeit beginnen kann, zeichnen Sie ihm das Auge, die Zahnunterteilungen und das Ohr auf. Plazieren Sie das Bart-Haar-Teil sowie den Schnurrbart, die buschige Augenbraue und den dreiteiligen Hut am Kopfteil.
Der fertige Kopf sowie das rote Stoffteil und der Gürtel samt zweiteiligem Säbel werden auf der Jacke befestigt.
Die Schulterklappe und die Hand – einschließlich Manschette und Knopf – werden auf den Ärmel geklebt.
Der fertiggestellte Arm wird **auf**, das Beinteil mit dem Stiefel und der Hebel werden **unter** die Jacke gesetzt.
Stellen Sie den Nußknacker nun noch auf den grünen Untergrund, auf dem bereits einige Nüsse mit dem aufgemalten Schalenmuster liegen.
Und dann –
ran an die
Arbeit!

# WEIHNACHTS-MÄNNER

Bei diesen Weihnachtsmännern werden – wenn das Auge aufgezeichnet ist – zunächst jeweils das Haar-Bart-Teil, der Schnauzbart und die dreiteilige Mütze auf dem Kopfteil plaziert.
Dann fixieren Sie den Ärmel – allerdings vorerst noch ohne Fellteil – und den weißen Fellsaum auf dem Mantelteil.

Nun können Sie dem Weihnachtsmann den schweren Sack aufladen, der schon mehrmals geflickt wurde. Fixieren Sie den Handschuh, den Fellbesatz und das Kopfteil von vorne an dem Mantel. Die Stiefel werden von hinten ergänzt.
Was in dem Sack wohl für Überraschungen drin sein mögen?

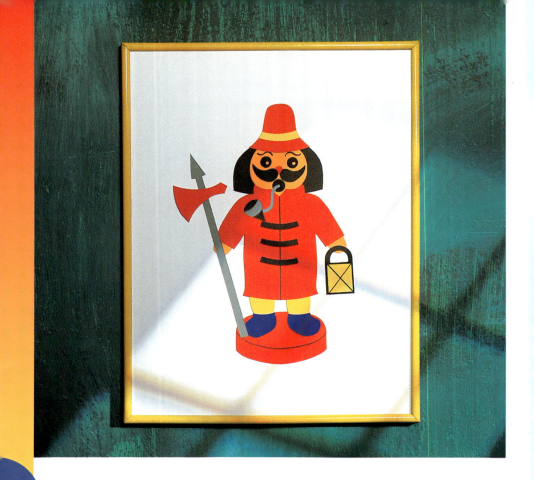

# DAS KLEINE RÄUCHER-MÄNNCHEN

Zeichnen Sie bei dem kleinen Räuchermännchen die Augen, die Augenbrauen, den Mund, die schwarzen Pfeifenteile und alle gepunkteten Linien (siehe Vorlagenbogen) auf.
Dann kleben Sie die Nase und den zweiteiligen Schnurrbart auf. Das Haarteil wird von hinten ans Gesicht, der zweiteilige Hut darauf fixiert.
Das Kopfteil sowie die Hände und das Beinteil mit den Schuhen plazieren Sie unter dem Mantel; mit drei Schnallen wird der Mantel verschlossen.
Nun bekommt das Räuchermännchen natürlich noch seine Pfeife. In seiner rechten Hand hält es die zweiteilige Axt, in der linken die ebenfalls zweiteilige Laterne.
Noch schnell aufs Podest gestellt, dann beginnt die Adventszeit!

## STERN-SCHNUPPEN-ENGEL

Bei diesem kleinen Engel kleben Sie zuerst das Gesicht unter das Haarteil. Die Hand und das Füßchen werden unter die entsprechenden Kleidungsstücke gesetzt.

Fügen Sie das mit Sternen geschmückte Kleid und den Ärmel zusammen, und fixieren Sie das fertige Kopfteil darauf.

Bevor Sie den kleinen Engel auf den Stern setzen, geben Sie ihm noch von hinten die Flöte und den Flügel.

23

# FESTLICH GESCHMÜCKT!

Wenn Sie dem Pferdchen das Auge, die Nasenöffnung, die Hufe und bei dem Stab die Schrägstreifen aufzeichnen wollen, brauchen Sie zuerst einen schwarzen Stift.

Legen Sie dem Pferd anschließend seinen Halfter sowie die roten und dann den grünen Schmuckstreifen an. Nun werden die rote Decke, der grüne Sattel, das Schwanzteil und die Mähne plaziert, und das Pferd wird an der zweiteiligen Halterung befestigt.

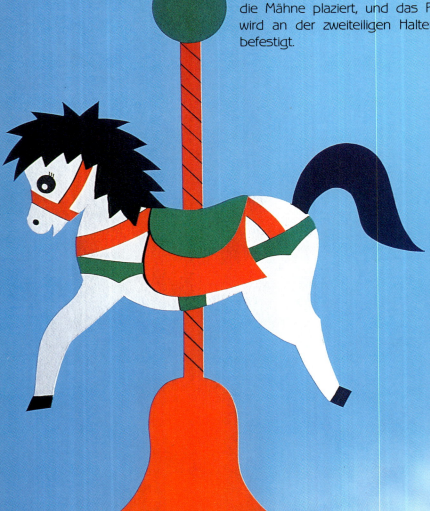

## Advent, Advent, ein Lichtlein brennt

Mit einem schwarzen Filzstift werden der Docht und die Unterteilung der Schleife aufgemalt. Die grünen Zweige kleben Sie von hinten gegen die zusammengefügte Kerze. Nachdem die roten Früchte aufgesetzt sind, verschönern Sie das Adventsgesteck mit der gelben Schleife, und dann kann die Adventszeit beginnen.

# In ganzer Pracht!

Zeichnen Sie die Augen und die gepunkteten Linien (siehe Vorlagenbogen) auf.

Der zweiteilige Schnurrbart, das Bartteil mit den aufgemalten Zähnen sowie die Nase werden auf das Gesicht, die Haare dahinter geklebt. Die Uniformjacke wird mit den blauen Manschetten, den farbigen Dreiecken, dem Gürtel mit der Schnalle, mit den Kordeln und Knöpfen und mit den Schulterklappen geschmückt.

Das Hosenteil samt Stiefel und das Handpaar fixieren Sie unter der Jacke, das fertige Kopfteil darauf.

Nun braucht der Nußknacker noch seinen fünfteiligen prunkvollen Kopfschmuck, ohne den er sich keinesfalls auf das Podest stellen würde – schließlich möchte er sich heute in seiner ganzen Pracht zeigen!

## Himmelsboten

Kleben Sie das Kopfteil, die Hand und das Fußpaar unter das entsprechende Kleidungsteil.
Anschließend positionieren Sie den Ärmel, das wallende Haar und die Sternchen auf dem Kleid. Der Flügel wird von hinten ergänzt.
Auf dem Weg zur Erde ...!

### Übrigens:
Auf Seite 9 finden Sie einen Hinweis, wie Sie Vorlagen kontern können.

# AUF ZU DEN NÜSSEN!

Geben Sie dem Nußknacker mit einem schwarzen Stift das Auge, die Augenbraue und alle gepunkteten Linien (siehe Vorlagenbogen). Plazieren Sie das weiße Haar-Bart-Teil mit der aufgezeichneten Zahnreihe sowie den Schnurrbart und die fünfteilige Krone an dem Gesichtsteil. Die Uniformjacke erhält den roten Seitenstreifen und den Gürtel. Positionieren Sie dann das fertige Kopfteil **auf**, die Hose mit den Stiefeln und den roten Hebel **unter** der Jacke. Der Ärmel erhält zunächst die Manschette mit der Hand und die Schulterklappe und wird dann von vorne am Körper befestigt. Die aufgesetzten kleinen Kreise sind übrigens mit einem Locher ausgestanzt. Die Nüsse rufen!

## DER VIERTE ADVENT

Für die vier Dochte brauchen Sie zuerst einen schwarzen Filzstift. Jede Kerze bekommt von hinten eine Flamme und wird dann auf den Kranz gestellt; zwei Sterne und eine zweiteilige Schleife schmücken das Tannengrün.
Heilig Abend ist nicht mehr weit!